고단한 날들의 은혜

김남진 지음

고단한 날들의 은혜

가을의 문턱, 화사한 백일홍이
풍경 위를 물들이며 인사하듯 다가온다
— '가을의 문턱'에서

좋은땅

목차

I. 자연의 품에서 얻는 위로

가을 산을 오르며 8
가을의 문턱에서 10
봄바람 11
노랗게 하얗게 핀 꽃 한 송이 12
라일락 꽃향기가 13
바다 옆 카페 14
비가 오는 날이면 16
선산의 봄 17

II. 사랑으로 엮어 낸 가족 이야기

나는 아버지 20
가장의 마음 22
아내 24
내 사랑하는 두 아들 25
아구다리 26
주말 부부 29
엄마 30
탄광의 하루 32
할머니 손칼국수 34
추석 36
생일 38
자식 걱정 40

Ⅲ. 한없는 은혜

나의 하나님 44
하나님은 왜 나를 이렇게 사랑하실까 45
내 삶에 하나님을 찬양하며 살겠습니다 46
설명할 수 없는 은혜 48
찬양대 50
강물처럼 흐르는 아침 52

Ⅳ. 기억 속의 시간들

학창 시절 56
흘러간 시간 58
나도 한 번 쉬어 보자 59
개학하는 날 60
점심시간 61
담배 건조실 62
모내기 하는 날 64
만남 66
새로운 길 68
탁구 시합 70
면접 72
물회 74
손님 76

세상을 바꾼 코로나19 78
안전 80
폭염 81
불길 82
불바다 84

V. 학교 생활

등교 지도 88
학생 부장 90
시험 감독 92
친목회 95
월요일 아침 98

고단한 날들의 은혜 시집을 만들며 100
추천사 101

I

자연의 품에서 얻는 위로

가을 산을 오르며

저 멀리
산이 높게 다가온다

가방에 도시락을 챙겨
한 걸음씩 조심스레
돌길을 지그시 밟아 오른다

걸음이 느려질 즈음
땀을 닦고
잠시 숨을 고른다

울긋불긋 단풍잎들이
내 시선에 머물며
한 폭의 그림이 된다

힘겹게
한 발 한 발 올라
정상에 다다르면,

붉게 물든 산이
따뜻한 커피처럼
나를 향기롭게 품어 준다

가을의 문턱에서

내리는 비와 함께
무더웠던 여름이
조용히 멀어져 간다

비에 젖은 산과 들이
강렬했던 열기를 식히며
다소곳이 여름옷을 벗는다

가을의 문턱,
화사한 백일홍이
풍경 위를 물들이며
인사하듯 다가온다

봄바람

벚꽃이 바람에 날려
흰 눈처럼 흩날리네
움직이기 싫은 나무들에게
'어서어서 봄을 알리라'
바람이 재촉하네

바람에 떠밀려
나무들이 열심히 움직이며
꽃을 피워
온 세상에 봄을 알리네

노랗게 하얗게 핀 꽃 한 송이

평화롭게만 보이는
꽃 한 송이,
노랗게 하얗게 피었네

누구를 만나려고
예쁘게, 예쁘게
묵묵히 기다리노

그저 몇 사람만 지나가고
눈길 한 번 주지 않아도,

투정 부리지 않고
담담히,
노랗게, 하얗게
꽃향기를 날리네

라일락 꽃향기가

중학교 앞뜰에
보랏빛 꽃 한 송이,
예쁘게 나를 오라 손짓하네

살며시 다가가
꽃향기를 맡으니
사랑하는 여인이
다가와 사랑을 속삭이듯
내 마음을 살며시 흔들어 놓네

따스하고 평화로운 봄날,
라일락꽃 향기 마음에 품고
지나간 시간 속
사랑하는 그녀와 나눈
행복했던 추억을 떠올리네

바다 옆 카페

바람이 불어오는 오후,
어느 바닷가 조그만 카페
창밖으로 파도가 출렁이고,
작은 배들이 두둥실 떠다닌다

커피 한 잔 받아 들고
창가에 조용히 앉아
한 마리 새가 되어
바다 위를 날아 본다

커피 한 모금 삼키며,
복잡한 마음 달랜다
쓴 커피 맛이
복잡한 생각을 쓸어내린다

말없이 한참,
커피를 머금고
생각 없이 앉아
마음을 비운다

몸에 힘이 빠지듯
편안함이
위로와 함께 찾아와
쓴 커피와 함께 넘어간다

비가 오는 날이면

비가 오는 날이면
두 볼에 떨어지는 빗방울을
우산 없이 맞으며
고요히 외로움을 씻는다

비에 젖은 산을 바라보며
천천히 추억 속으로
조용히 잠긴다

비가 오는 날이면
마음속 많은 생각들을
빗물에 함께 씻어 내린다
왠지 좋은 일이 올 것만 같아
비를 맞으며 걸어간다

선산의 봄

황사와 함께 찾아온 봄,
벚꽃잎이 하얀 옷을 입고
벌들이 꽃을 향해 날아드네

흰 눈꽃을 날리는 벚꽃이
나에게 봄이 왔음을 알려 주네

벚꽃 그늘 아래
제비꽃이 나지막이 피어 있네,
연한 자주색을 자랑하며
함께 봄을 알리네

조심스럽게 다가가
봄의 향기와 봄바람을 느껴 보네

II

사랑으로 엮어 낸 가족 이야기

나는 아버지

아내와 두 아들,
어떻게 살아가나?
매일 매일 걱정하며
뭐든지 열심히
살아야만 했던 나날들

너무 없어서
첫째가 임신했을 때,
출산비 걱정에
퇴근 후 파지를 주워
병원비를 해결한
그날의 기억

둘째는 패혈증으로,
39도만 넘어가면
정신을 잃곤 했고,
마음이 녹아내리는 심정으로
애타게 기도하며
낫기만을 바랐던 기억

그렇게 먼 길 돌아
음악 교사로 새로운 삶을 시작,

감격스럽기도 했지만
책임감도 컸다

남들이 꺼리는 힘든 일도
두려워하지 않고,
죽기 살기로
살아온 내 인생

지금은 사랑하는 아내와
사회인이 된 두 아들에게
부끄럽지 않은 아빠가 되려
달려온 시간

묵묵히 기다려 준
아내가 있었기에
내가 있다는 생각에
고맙고 사랑합니다

그리고
잘 자라 준 두 아들,
아빠는 너희를
진심으로 사랑한다

가장의 마음

힘들어도 말 못 하고
아무렇지 않은 듯
반복되는 일상을 견딘다

커피 한 잔에
무거운 마음을 달랜다

살아 보려 발버둥 쳐도
부족한 형편은
침묵을 만들고
어깨를 더 무겁게 짓누른다

박봉의 월급을 보며
가족들이 실망하진 않을까
나는…
그저 돈 버는 기계일까?

가족들 웃음 곁에선
나는 빠져 있고
함께하고 싶어도
마음도 몸도

움직이지 못한다

세월이 흘러
흰머리는 늘고
지친 몸은
예전 같지 않지만,

그래도
무엇이든 잘 먹는 가족들,
대학 가고 직장 잡고
제 몫을 살아가는 자식들,

나에게 불만을 쏟아 내는
바가지를 긁는 아내는…
가장의 마음을
알까?

아내

자그마한 손으로
건반 위를 부드럽게 오가며
피아노를 잘 치는 나의 아내

어떤 일에도 잘 흔들리지 않고
중심을 잘 잡아
듬직하게 견디는 반석

마술을 부리듯 순식간에
맛있는 음식을 만드는
최고의 요리사

강물처럼 흘러가는
세월 속에서도
언제나 그 자리에 있는
내 사랑

내 사랑하는 두 아들

어릴 적 함께 지내던 날,
잔소리하며 한집에서
아옹다옹 살던 때가 그립구나

이제 다 큰 두 아들,
집을 떠나 세상에 홀로 서서
살아가는 모습이 눈에 선하다

매일매일 걱정되고
잘되길 바라는 마음으로
기도한다

가끔 날아오는 짧은 카톡에
서로의 안부를 주고받으며
보고 싶은 얼굴을
마음속에 그려 본다

내 사랑하는
두 아들

아구다리

엄마 잘 지내?
전화기 너머
힘없는 목소리

열이 나고
오한이 오고
입맛도 없다며

어릴 적
울진에서 먹던
물가자미가
먹고 싶다 하신다

가자미 종류가 많아
어떤 건지 몰라
잘 아는 횟집 사장님께
사정을 말씀드리자,

"아마 이놈일 겁니다"
아구다리를
보여 주신다

물회와 함께
아이스박스에 담아
세 시간을 달려
엄마 집에 도착하니

거실을 시원하게 해 놓고
환한 얼굴로
현관 앞까지
마중 나오신다

초장을 살짝 찍어
한 점 입에 넣으시더니
"달다… 이거 맞다"

물회를 반찬 삼아
아구다리를 드신다
"너무 잘 먹어 힘이 난다"

환해진
엄마 얼굴

부디
아프지 말고
오래오래
건강하시기를…

주말 부부

금요일 아침,
마음이 더 분주해진다
빈 반찬통과 빨래를 챙겨
가벼운 마음으로 출근한다

마음은 벌써 집으로 향하고,
콧노래 따라 흐르는 시간,
조급한 마음에
들뜨기 시작한다

음악과 함께 달리는 고속도로,
두 손 가득, 설렘을 품고
계단을 오른다

현관문을 여는 순간
아내의 미소와 익숙한 향기
찌개엔 사랑이,
반찬엔 정성이
가득 담겨 있다
행복한 저녁이 나를 반긴다

엄마

다섯 살 어린 나이에
엄마가 뒤뜰로
정신없이 뛰어간다

그렇게
엄마는 돌아오지 않았다

어느 날
아버지와 함께
낯선 아줌마가 왔다

새엄마라고 한다

한집에 살아도
가까워지질 않는다
무섭다

오십 년이 흘러
떠났던 엄마를
수소문해

아내와 자식과 함께
오가며 안부를 전한다

생각해 본다

엄마가
한 분이었으면…

탄광의 하루

도로가 온통
시커먼 연탄 가루로 덮이고
강원도 황지엔
검은 먼지가 날린다

지나가는 차마다
매연을 뿜어내고,
흐르는 강물마저
바닥이 안 보일 만큼 검다

아이들은 그 물에서
팬티만 입고
맘껏 물장구치며
멱을 감는다

저녁이 되면
석탄 캐는 일을 마치고 돌아온
아버지와 함께
목욕탕에 간다

하루 종일 쌓인

석탄 가루를
한참을 문질러 씻는다

온 가족이 둘러앉아
저녁밥을 먹으며
검지만 소중한
하루를 기억한다

할머니 손칼국수

마루에 앉아
밀가루를 반죽하시는 할머니
콩가루 세 숟갈,
계란 노른자도 넣어
반죽하시는 주름진 두 손
반복된 동작으로
한참을 그렇게
몰두하시는 할머니

밀대 봉에 반죽을 말아
두 번 밀고, 한 번 당기시는
느린 속도지만
노련한 리듬

양팔 넓이만큼 반죽을 곱게 접어
얇게 썬 칼국수를
대나무 소쿠리에 펼쳐
뒷마당 장독대 위에 올려 두신다

가마솥에 육수가 끓고
꾸덕해진 면발이

호박, 감자와 함께
장작불에 익어 가고,
나무 주걱으로 저어 가며
한참을 더 정성을 쏟으신다

대가족이 세 밥상으로 둘러앉아
한 젓가락 조심스레 먹는 칼국수 맛
뜨거움을 이기고
감탄사가 나온다
"아! 맛있다"

땀 흘리며
한 그릇 비우고, 또 한 그릇
배불리 먹고 나면
포만감과 함께
행복이 밀려온다

이제 다시는 맛볼 수 없는,
추억 속에만 남은
할머니 손칼국수

추석

내가 어릴 적 추석은
마냥 설레고 기대되며
누군가를 기다리는
그런 날이었다

태백에 계신 삼촌이
막걸리 한 사발 사 들고
뒷짐 지고 팔자걸음으로
마당으로 들어오시면,

저 멀리 떨어진 곳에
숙모님이 짐을 머리에 이고
천천히 걸어오신다

옆집 동운네 아줌마
우리 마당을 기웃거리며
안부 인사를 전한다

아버지는 막걸리 한 잔 하자며
술자리를 펴고
금세 술판이 벌어져

이야기꽃을 피운다

저녁 늦게 아람 아재가
정종과 담배를 사 들고 오신다
우리 집은 사람들로 북적인다

술 한 잔 들어간 아재가
종이돈 한 장씩 나누어 준다
나는 기분이
하늘을 날아간다

생일

벚꽃이
봄이 왔다고 꽃을 피운다
내 생일은 음력인데
하필 양력으로 만우절
누구에게 말해도
농담인 줄 알고
믿지 않는다

장모님과 닷새 차이로
생일이 겹쳐
내 생일은 늘 뒷전
장모님은
'같이 하자' 하시지만…

아직 젊다 생각하며
밥 한 그릇 먹으면 된다고
말은 하지만,
마음 한 켠엔
'그래도 오늘은
내 생일인데…'
하는 마음이
조금씩 피어난다

자식 걱정

따르릉, 전화가 왔다
아무 말이 없다
애타는 목소리로
"무슨 일 있어?"

아들이 흐느끼며
말없이 한참을 운다
"왜 그래, 괜찮아?"
달래 보아도
울음을 멈추지 않는다

아무에게도 말 못 하고
하루 종일 참다가
저녁이 되어서야
용기 내어 누른 전화

엄마의 목소리를
듣자마자
북받치는 감정이
주체할 수 없어 터진다

한 시간을 그렇게
바닥까지 다 쏟아 낸다
조금은 후련해졌다고
입을 뗀다

"일이 힘든 게 아니라,
말을 해도
나를 너무 무시해"

그냥 혼내고
고치라고 하면 되지,
처음부터
다 잘할 수 있나?

남의 돈 버는 일이
이렇게 힘든 줄
몰랐다고 한다

어떤 말이
답이 될지 몰라
나는 조용히

그저 들어줄 뿐이다

한참을 주저리주저리
마음을 털어놓고
다시 힘을 얻는다

부디 잘 견디고
스스로 우뚝 서기를
나는 오늘도
두 손 모아 기도한다

Ⅲ

한없는 은혜

나의 하나님

나의 사랑, 나의 하나님
언제나 함께하시니
나의 사랑, 나의 하나님
언제나 함께하시니

힘들고 어려워도
주님이 함께하시니
나는 힘내어 나아가리
나의 주, 아버지 하나님
완전하신 그 사랑
자비 베푸시네

나의 모든 것 주께 드리리
비록 나는 약하나
주 예수 강하시네

하나님은 왜 나를 이렇게 사랑하실까

길이 보이지 않는 내 삶에
하나님의 은혜로
모든 길을 인도하네

절벽 앞에 선 것 같은
위기의 순간에도,
능력의 하나님이
길을 열어 주시니,

하나님의 은혜에
감사하고 또 감사합니다

왜 나를
이토록 사랑하실까?
하나님의 그 크신 사랑에
두 손 모아 감사드립니다

내게 주신 사명,
기도하며 감당하는
하나님의 자녀가 되겠습니다

내 삶에 하나님을 찬양하며 살겠습니다

망망대해에
나 혼자인 듯 두려웠던 날,
미래의 두려운 짐을 안고
살아가야 할 때,
하나님께서 내 삶에
함께 하심을 감사합니다

매 순간
내 생각과 지식으로는
이해할 수 없는 방법으로
나의 미래를 축복의 길로
인도하시는
나의 사랑하는 하나님,
'감사합니다'라는 말 외에는
달리 할 말이 없습니다

저 같은 낮은 자에게
하나님의 높고 높은 사랑으로
보살펴 주시고,
사명과 직분을 주시어
저를 사용하시니,

하나님 나라 확장에
쓰임 받게 하심을 감사합니다

하나님께서 주신 사랑에
진심으로 감사하며
내 삶 속에서 하나님을 찬양하고
충성하며 살아가겠습니다

설명할 수 없는 은혜

내 삶은 참 놀라워요
설명할 수 없는 은혜,
날 위해 길을 예비하시고
걸음마다 인도하신
하나님의 손길을 느껴요

때론 알 수 없고,
이해할 수 없어도
그 사랑 앞에
겸손히 무릎 꿇어요

이해할 수 없는 그 은혜,
내 삶을 감싸는 주의 사랑
왜 나를 이렇게 사랑하실까?
주님 앞에 감사드려요

주신 사명 붙들고
기도하며 주 뜻을 이루리
날마다 내 삶을 드려 예배해요,
하나님, 사랑해요

이해할 수 없는 그 은혜,
내 삶을 감싸는 주의 사랑
오늘도 그 사랑에 감사하며
주님만을 찬양해요

찬양대

목사님이 단 위에 서고
피아노 반주에
은혜의 찬양이 흐른다

두 눈을 감고
"여기가 천국인가…"
평안이 몰려온다

찬양과 말씀을 읽고
하늘빛 가운을 입은
찬양대원들이 지휘자를 향한다

지휘자의 손끝이 움직이자
반주가 따라 흐르고
호흡을 맞춰
찬양이 시작된다

불안했던 고음 구간,
믿음으로 다가선다
사인을 좇아
온 힘 다해

사랑의 노래를 부른다

눈가에 미소가 번지고
안도하는 얼굴들,
은혜의 시간이
마음 한가운데
조용히 임한다

강물처럼 흐르는 아침

눈부신 햇살,
상쾌한 아침
교회에 들어서니
아이들이 뛰어다닌다

주일 아침,
새까만 눈동자 반짝이며
예배 전부터
신이 났다

예배가 시작되고
부모들이
아이 하나씩 품에 안고
자리에 앉는다

작은 몸짓은
움직이려 안간힘을 쓰고,
아이를 붙든 손끝엔
사랑이 매달린다

결국,

울음이 터지고
엄마는 아이를 안고
밖으로 나간다

산만한 중에도
예배는 이어지고,
은혜는
강물처럼 흘러든다

울음을 그친 아이가
다시 돌아와
금세 웃으며
엄마 무릎에 앉아
함께 찬양을 부른다

IV

기억 속의 시간들

학창 시절

어딘가 촌티 나는
옷차림을 하고,
눈치 보며
교실 한구석에 앉았던
입학식 날

삼삼오오 모여든 친구들은
신나게 떠들고,
나는 그저 한쪽에서
조용히 바라본다

학교생활의 길잡이가 되어
'열심히 해 보자'며
자상하게 격려해 주시던 선생님
대학 입학에 대해
설명해 주시던 모습이
새록새록 떠오른다

열심히 공부하지도,
멋진 추억을 만들지도 못한
나의 학창 시절이지만

그 속에도
작은 추억이 기억난다

수업 시간
몰래 먹던 도시락,
자취방에 모여
냄비 뚜껑에 먹던 라면

미션스쿨이라
다른 학교 학생들과 함께한
수련회,
체육대회,
그리고 미술 전시회까지

내 마음 한 켠에,
작은 추억으로 남아 있다

흘러간 시간

커피 한 잔을 마시며
생각에 잠긴다

흘러간 시간들이
스쳐 지나가듯
그림이 되어
아쉬움을 남기고 지나간다

돌아보면
추억이고 산 경험인 것을,
그때는 왜 그렇게
아옹다옹 그랬을까?

커피 향을 마시며
마음의 여유를 찾는다
조금 물러서서 생각하면
아무것도 아닌 것을…

나도 한 번 쉬어 보자

나도 한 번 쉬어 보자
무거운 어깨의 짐을 내려놓고
욕조 가득 받은 따뜻한 물에
몸을 담그고 쉬어 보자

나도 한 번 쉬어 보자
흠뻑 젖은 땀을 닦으며
젖은 옷 벗어 놓고
샤워하며 쉬어 보자

먼 길을 가느라
너무 힘들고 지칠 때
모든 것을 잊고
홀가분한 마음으로
나도 한 번 쉬어 보자

개학하는 날

예쁘고 단정한 옷을 입고
활짝 웃는 얼굴로
친구들과 인사를 나눈다

즐겁고 재미난 이야기를
쏟아 내며 손뼉을 치며
함께 웃는다

무겁던 마음들은
웃음과 함께 사라지고
입가에 핀 함박웃음이
작은 행복으로 변한다

점심시간

맛있는 냄새가
나를 찾아온다
입안엔 침이 고이고,
뱃속은 '꼬르르'
어서 오라고 재촉한다

길게 늘어선 배식 줄,
반찬통 너머로 반기는
맛있는 반찬들
눈인사하며 식판을 내민다

밥 한 숟가락 뜨며
어제의 이야기로
웃음꽃이 피어난다

운동장을 천천히 걸으며,
활짝 핀 벚꽃 향기를 맡는다
그렇게 오늘도
소소한 여유를 누려 본다

담배 건조실

오늘은 뒷집에
담뱃잎을 따는 날
마을 사람들이
아침부터 품앗이로 모였다

담뱃잎이
마당에 산을 이룬다
늦은 오후,
줄에 엮어
건조실에 매단다

백열등을 켜고
달이 머리 위에 오를 때까지
불을 밝히며 일한다

뒷집 아저씨는
건조실에 불을 올려
밤낮으로 곁을 지키며
불길을 살핀다

다음 날 오후,
건조실에서 연기가 난다

"불이야!"
온 동네가
난리가 났다

사람들은
양동이를 들고
강에서 물을 나른다

뒷집 아저씨는
젖은 담요를 둘러쓰고
건조실로 들어가
물을 뿌린다

얼마나 지났을까,
불이 꺼졌다

뒷집 아줌마는
통곡하며 우신다

애써 엮은 고생이
재가 되어
날아갔다

모내기 하는 날

새벽부터
아버지는 모종을
준비하신다

품앗이로 모인
동네 사람들,
논으로 향한다

못줄을 튕기며
노래를 부르며
흥을 높인다

거머리가 종아리에
붙어 있어도
대수롭지 않게
툭 쳐서 떼어 낸다

나는 모종을
나누어 준다
허리가
끊어질 듯 아프다

저 멀리
할머니와 엄마가
참을 머리에 이고
무겁게 걸어오신다

논둑에 앉아
국수를 나누고
막걸리 잔이
오간다

피곤함을
국수와 함께
밀어 넣고
다시 시작한다

"줄 넘어가요"
못줄이 논 위를
힘차게 가로지른다

만남

망설여진다
두근거린다
생각이 복잡하다

늦은 나이에
새로운 시도를 하려니
좋은 감정도,
싫은 감정도
묵묵부답 속에
용기가 나지 않는다

젊은 시절 좋았던 추억들…
그러나 지금은
마냥 즐겁지만은 않은
부담으로 다가온다

그것이
압박으로 느껴지는 건
왜일까?

이제 나가야 할 시간이다

부디 이 만남이
사랑이 꽃피는
아름다운 만남이 되길…

새로운 길

아 두렵다!
한 번도 가 보지 못했던 길,
낯선 공기,
익숙하지 않은 풍경 속에서
공포가 밀려온다

한 발, 한 발
어디로 가야 할지 몰라
용기 내어
사람들에게 묻고
정답 없는 길을 걸어간다

두려움으로
지나온 길을 돌아보니
조금씩
새로운 길을 만들어 가는
기쁨이 피어난다

두려움을 딛고
달려온 그 길이
나의 발자취로 남아

멋진 추억이 되고,
자랑이 되고,
기쁨이 되어
내게 돌아온다

탁구 시합

흰 공이
높이 올랐다 내려오면,
낮게 깔린 서브가
매섭게 넘어간다

상대는 커트로 받아넘기고
나는 재빨리 돌아서
드라이브로 공격한다
'얏!' 공격 성공!

짧은 커트 서브가 날아오면
나도 커트로 짧게 넘긴다
돌아오는 드라이브를
본능적으로
라켓을 휘둘러 받아친다

공이 네트를 맞고
상대편 테이블에 떨어진다
아! 미안하지만,
내가 이겼다

긴장 속에
온통 공에만 집중하는 시간
땀이 흐르고,
숨이 차오른다

조금만 더,
집중하면 승리다
나는 자세를 더 낮추고
마지막까지
파이팅한다

승리의
짜릿한 영광을 위해

면접

긴장에 눌려
아침 일찍 눈이 떠진다
찬물에 정신을 깨우고
밥상 앞에 앉았지만,
생각은 벌써 면접장에 머물러 있다

낯설기만 한 건물 앞,
출입증을 목에 걸고
대기실을 향한다
어색함과 긴장감이 가득한 공간,
불안이 서린 얼굴들

내 이름이 불리고,
삼삼오오 면접실로 들어간다
단정한 정장의 면접관,
질문이 날아온다
머리에 맴도는 대답이
혀끝에서 나오지 않는다

순식간에 끝난 면접
깔끔하지 못한 내 대답이

마음에 걸려,
혼잣말로 다시 중얼거린다
더 잘할 수 있었는데…

물회

물회를 주문하고
바다가 보이는
창가에 앉았다

사장님이
손수 담근
김치며 미역이라
말씀하신다

잠시 뒤,
물회가 나왔다
하얀 회가 먹음직스러워
입속에서
침이 먼저 들썩인다

"물은 넣지 마시고
제가 만든 양념으로
잘 비벼 드세요"
사장님의 한마디에

주문이라도 걸린 듯
숟가락과 젓가락을

양손에 하나씩 들고
꼼꼼히 잘 비빈다
한 숟가락, 입으로 향한다

단맛이 살짝 올라오고
초장과 잘 어우러진
강도다리가
혀끝에서 춤을 춘다

크게 한 입 더,
수십 년 쌓인
세월의 맛이
진하게 퍼진다

창밖,
기러기 한 마리
내가 부러운 듯
바다 위를 서성인다

기러기는 알까
물회 한 그릇이
행복 한 그릇이 되는 것을

손님

활짝 핀 얼굴들로
집에 손님이 왔다
서로서로 손을 맞잡고
어떻게 잘 지내고 있는지
안부를 묻는다

부엌에는 아내가
분주하게 음식을 준비한다
냄비에는 김치찌개,
후라이팬에는 야채들이
양념과 함께 잡채로 만들어진다

김치찌개와 잡채가 완성되고,
김이 모락모락 나는
윤기 나는 밥은
군침을 돌게 한다

따뜻한 밥 한 그릇과
김치찌개를 맛본다
접시에 잡채를 담아
입에 대고 후루룩 마신다
입이 즐겁고 마음이 즐겁다

세상을 바꾼 코로나19

바람은 자유로이
마음껏 어디든 날아가는데,
새들은 저 멀리
자유롭게 날아가
서로 지저귀며 이야기하는데

코로나19가
우리의 만남을
빼앗아 갔네

그저 앞면을 가리고
방 안에 머무는 하루,
각자의 방에서
휴대폰만 뒤적이며
시간은 흘러가네

하루, 이틀
시간이 흘러
언제쯤 예전처럼
활짝 웃으며
보고픈 사람들을 만나
차 한 잔
나눌 수 있을까?

안전

먼 길 돌아가야 비로소 보이는 안전,
조금만 서두르면 놓치는 안전

나만 생각하면 나만 편하지만,
서로를 생각하면 모두가 안전하다

작은 관심이 쌓여 모두의 안전이 되고,
배려 없는 무관심은 사고를 부른다

함께 만드는 안전,
행복의 기초가 된다

폭염

아침부터
등 뒤로 땀이
흘러내린다

바짝 마른 땅에선
열기가 피어오르고,

힘없이 부는 바람은
더위를 식히기엔
턱없이 부족하다

땀방울이
턱선을 따라 흐르고,
계단을 올라
실내로 들어간다

성능 좋은 에어컨이
눈을 번쩍 뜨이게 한다
흘러내리던 땀방울은
슬며시 자취를 감춘다

불길

고속도로 우회 안내가 나오고
국도를 따라 영덕을 향한다
저 멀리 산 위에
시뻘건 불길이 번진다
차 안엔 금세 탄 냄새가 가득하다

산불은 밤새
수많은 나무와 집,
그리고 생명을 앗아 갔다
거센 바람을 타고
상상할 수 없는 속도로 번져 간다

소방차가 정신없이 달리고
소방헬기가 하늘을 난다
긴급 문자가 울리고
사람들은 체육관으로 몰려든다

온 세상이
그을린 냄새로 가득해
마스크 없이는 숨쉬기조차 어렵다

피난 차량이 길 위에 가득한데
나는 정전된 캄캄한 방에서
긴급 문자만 바라본다

불길이 잡히길,
바람이 멈추길,
전기와 전화가 다시 이어지길

이 모든 것이
하루빨리 회복되길 바라며
두 손 모아 기도한다

불바다

고속도로 저 멀리
산등성이 벌겋게 불붙었다
길이 막혀
국도로 돌아,
연기 가득한 길을 달린다

며칠째 계속된 불길이
산을 넘어 달린다
바람은 불씨를 더 멀리 날려
온 세상이 불바다다

하늘에 불 구름이 떠오르고,
나무 타는 소리는
따닥, 따닥
공포스럽게 울린다

전기는 끊기고,
전화도, 카톡도 먹통이다
가슴 졸이며 걱정하는 가족들과
연락이 되지 않는다

타 버린 산,
타 버린 마을,
타 버린 집

화마가 휩쓸고 간 자리에
처참하게 타 버린 잔해만 남아
가슴을 도려내듯
안타까움으로 다가온다

학교 생활

등교 지도

아무도 없는
이른 학교에 도착해
현관문을 활짝 연다

뜨거운 햇살에
눈이 절로 찡그려지고
땀이 귀 뒤로 흘러내린다

학생들이
하나둘 등교한다
"안녕"
먼저 인사를 건넨다

두 손을 배에 모으고
"안녕하세요"
인사하는 아이,
미소 지으며 손을 흔든다

얘기하며 걸어오는 아이
자전거를 타고 오는 아이
빵을 입에 문 채 오는 아이

명찰을 잃어버린 아이
물건을 깜빡해
되돌아가는 아이
고개를 숙인 채
지각하는 아이

등교 시간 지나고
선도부와 인사를 나눈다
교무실로 향하며
혼잣말로 중얼거린다
"또 하루가 시작된다"

학생 부장

복도에 학생 두 명과
담임 선생님이
한참 이야기 중이다

방학을 앞두고
학기 마무리로
교무실이 분주하다

"학생부장님"
복도에서 보았던
두 학생과 담임 선생님이
심각한 얼굴로 들어온다

무슨 일이 있었는지
설명을 듣는다
다툼이 난 것이다

감정이 남아 있어
서로 쉽게
사과하지 못한다

있었던 일을
서류로 정리하고
부모님께 연락을 드린다

갑작스러운 소식에
부모님 마음에
걱정이 폭포처럼 쏟아진다

하루가 지나고
감정이 가라앉자
서로 사과의 뜻을 전한다

주의를 주고
앞으로는 잘 지낼 것을
다짐 받는다

그리고는
아무 일 없었다는 듯
해맑은 얼굴로
일상으로 돌아간다

시험 감독

1교시 시험 감독
시험지를 들고
교실로 향한다

조금이라도 더 보려
필기한 노트를
눈에서 떼지 못하는 학생들

종이 울린다
시험지를 받아 들고
샤프로 줄을 그으며
문제 속으로 잠긴다

손을 든다
답지를 잘못 작성했다며
새 답지를 건넨다

사인펜 뚜껑이
바닥에 떨어진다
소리 나지 않게
살며시 주워 준다

몇몇 학생들은 벌써
시험을 끝내고
책상에 얼굴을 묻는다

허리가 아파 온다
조용히 자세를 바꿔 본다

글자 쓰는 소리만 들리는
엄숙한 교실에
종이 울린다
"십 분 남았습니다"

학생들이 급해진다
문제지와 답안을
비교하며
이것이 답이길 바라며 쓴다

최종 선택한
답을 체크하고
두 손을 모아 기다린다

종이 다시 울린다
답지를 거두자
조용했던 교실에
작은 소란이 피어난다

친목회

3월, 새 학기에 쏟아지는 업무에
모두 모니터에 얼굴을 묻고
정신없이 일하느라
잠깐의 여유도 없어 보인다

바쁜 시기이지만
'친목회 있다'는 소식에
삼삼오오 차를 나누어 타고
식당으로 향한다

저 멀리 바다에
시선이 머무르고,
마음은 두둥실
바다 위를 떠다닌다

탁 트인 바닷길을 따라
식당에 도착하니
사장님이 환한 웃음으로
우리를 반긴다

미주구리 회와

채 썬 배가 초장을 만나
씹히는 고소한 맛에
입안에서 잔치가 열린다

곧이어 등장한 대게,
꽉 찬 속살에
눈이 커지고,
감탄이 나온다
'와'

말없이 한참을
먹기 대결하듯
집중해 먹는다

사장님을 향해
'최고예요'
엄지척을 날린다

친목회는
힐링이고,
보약이다

이날을 기억하며
부둣가에서
사진 한 장
추억을 남긴다

월요일 아침

아침부터 바쁘게 허둥지둥
집을 나와 줄지어 달려가는
자동차 행렬 속에
나도 함께 달려간다

시골길에 접어들어 달릴 때
한가로이 물놀이하는
청둥오리 한 마리가
부럽기만 하다

"안녕하십니까?"
인사하며 또 하루가 시작되고,
오늘도 나는
열심히 내 삶을 달려간다

고단한 날들의 은혜 시집을 만들며

이 시집은 일상 속에 스며든 소중한 순간들을 조용히 기록한 특별한 기억의 모음입니다. 삶의 깊은 곳에서 자연스럽게 떠오른 찰나들이, 마음 속에 품었던 작은 감정들이 저절로 시가 되어 피어났습니다. 바람이 스쳐 가는 순간, 어머니의 된장 냄새, 아버지의 땀방울, 저녁노을과 들꽃의 흔적들—이 모든 것은 저의 기억 저편에 영원의 자리로 자리 잡아, 때로는 잊혀지고 싶지만 결코 사라지지 않는 소중한 풍경들입니다.

이 작품들은 세밀하고 정제된 글솜씨보다, 가장 근본에 자리한 진심과 직관에 바탕을 두고 있습니다. 형식을 따르기보다, 느낌의 흐름을 따라 온전히 전달하려 했으며, 그 간단한 서사가 누군가의 마음속에 조용한 위로와 따뜻한 공감을 선사하기를 소망합니다. 삶이 주는 크고 작은 순간들은 때로 투박하고 서툴러도, 그것이 바로 저의 가장 진실된 이야기임을 믿으며, 이 작은 손짓들이 독자님의 일상에 따뜻한 위로가 되기를 간절히 바랍니다.

'시를 쓰는 시간'은 저 자신을 가장 솔직하게 만나는 순간들이었고, 그 영감 속에서 쌓인 기록들이 이제 여러분 앞에 조심스럽게 인사를 드립니다. 흘러가는 세월 속에서, 잊히거나 잊혀지고 싶은 기억들이 다시금 빛을 발할 때, 이 시집이 작은 위로와 함께, 삶의 자리에서 잠시 숨을 고르는 자리로 자리 잡기를 희망합니다. 그리고 이 작은 책이, 당신의 하루에 조용히 다가와 따뜻한 울림이 되기를 진심으로 소망합니다.

2025년 가을, 김남진 드림

추천사

학생 시집 〈여우별 이야기〉와
교사 시집 〈고단한 날들의 은혜〉

 문학은 마음의 소리를 담는 그릇이며, 시는 그 마음의 노래입니다. 우리 영덕 중학교 김남진 선생님과 학생들이 써 내려간 이 시집은 단순한 글의 모음이 아니라, 자신만의 감성과 생각을 용기 있게 표현한 값진 결실입니다.

 한 줄의 시 속에 담긴 순수한 감정과 통찰은, 어른의 시선으로는 미처 보지 못한 세계를 열어 줍니다. 사춘기라는 혼란스러운 시기 속에서도 자신만의 목소리를 찾기 위해 애쓴 우리 학생들의 시를 읽으며, 그 깊이와 가능성에 감탄하게 됩니다.

 이 시집이 우리 학생들에게는 자존감과 성취감을, 독자들에게는 따뜻한 공감과 잔잔한 울림을 전해 주는 귀한 선물이 되기를 바랍니다.

 앞으로도 우리 영덕 중학교 학생들이 자신만의 언어로 세상과 소통하며, 더욱 아름다운 꿈을 키워 나가기를 진심으로 응원합니다.

2025년 7월
영덕 중학교장 손동주

김남진 작가는 우리 교회의 장립집사님이십니다. 작가님은 모든 일에 언제나 성실하게 임하시는 분입니다. 바쁜 일상에서도 그 어떤 일도 소홀히 하지 않으십니다.

주말 부부로 먼 거리를 오가며 학교생활을 하시면서도, 여전히 배움과 운동을 꾸준히 실천하고 계십니다. 어느 날은 직접 손수 그린 찬송가 악보를 선보이시고, 또 다른 날은 정성껏 새긴 서각(書刻) 작품을 선물해 주시기도 합니다. 이번에는 아름다운 시를 쓰게 되었고, 저에게 추천사를 부탁해 주셨습니다.

작가의 인생 여정과 소중한 추억이 한 줄 한 줄 스며든 시들을 읽다 보면, 잔잔히 흐르는 강물처럼 마음에 평안이 찾아옵니다. 요즘 유행하는 '아보하'(아주 보통의 하루, 평범한 일상에 의미를 부여하는 태도)가 자연스럽게 떠오릅니다. 작가님의 시에는 바로 그런 일상들이 따뜻하게 담겨 있습니다. 벚꽃과 바람, 산불로 상처 입은 자연의 이야기, 학교와 시험, 커피 한 잔 같은, 삶에서 발견할 수 있는 소소한 이야기입니다. 그리고 어머니, 아내, 자녀 같은 가족의 이야기가 생생하게 펼쳐집니다.

이처럼 우리가 매일 마주하는 평범한 일상도 작가의 시선을 통과하면 특별한 빛을 얻습니다. 독자들은 시를 통해 자신만의 삶을 돌아보게 될 것입니다. 또 일상에 숨은 아름다움과 곁에 있는 이들의 소중함을 다시금 깨닫게 됩니다. 특히 산불과 코로나 같은 시대적 아픔 속에서도 희망의 빛을 발견해 내었습니다. 작가님의 따뜻한 시선은 독자에게 깊은 공감을 불러일으키며, 우리에게 위로와 미소를 전해 줍니다.

무엇보다 시집 곳곳에 배어 있는 하나님의 은혜를 향한 감사와 사랑의 고백은, 우리를 잠시 멈춰 서게 합니다. 숨 가쁜 일상의 한복판에서 잠시 숨을 고르게 합니다. 독자들의 삶에도 영글어 있을 보석 같은 삶의 가치들을 되찾게 하는 힘이 이 시집에 담겨 있습니다.

시집을 단숨에 읽어 내려가며, 작가님의 삶 속에 차곡차곡 쌓여 온 '아주 보통의 하루'들이 얼마나 복되고 아름다운지를 마음 깊이 느꼈습니다. 그 하루하루를 아름다운 시로 나누어 주셔서 참 감사합니다. 이 시집이 많은 이들의 삶에도 잔잔한 위로와 따뜻한 울림이 되어 주기를 축복합니다.

구미북교회 신정학 목사

새로운 사람들을 만날 때면 나는 늘 '인연'이라는 말을 떠올린다. 이 시집과의 만남 역시 우연을 가장한 인연이라 느껴졌고, 마치 세 번의 만남을 기약하게 하는 그런 조용한 울림이 있었다. 처음 이 책을 펼치고, 마지막 장을 덮기까지의 여정은 짧았지만, 그사이 내 마음에는 긴 여운이 남았다.

시를 가까이 두고 살던 사람이 아님에도 불구하고, 『인연』은 내게 익숙한 언어로 다가왔다. 소리 내어 말하지 못했던 마음속 조각들이, 담담하고 솔직한 언어로 눈앞에 펼쳐졌다. 읽는 이의 마음을 배려하듯 조용히 손을 내미는 시들이, 마치 오래된 친구처럼 위로하고 어루만져 주었다.

글을 쓰는 사람으로 살아가는 것이 얼마나 고독하고도 용기 있는 일인지 잘 알기에, 이 시집은 단지 '잘 쓴 글' 이상의 가치를 지닌다. 쉽게 꺼내기 어려운 일상을 꺼내어 놓고, 그것을 조용히 마주할 수 있도록 이끌어 주는 힘이 있다. 이 시집은 그저 시가 아니라, 작가의 내면에서부터 묻어 나온 고백이자 따뜻한 손길이다.

『인연』은 단지 수필로 알려진 그 글 이상의 세계를 담고 있다. 시집 속 이야기들은 잔잔하지만 분명한 힘으로 독자의 마음을 흔들며, 어쩌면 피천득 님의 시가 지닌 감성에 다다르는 또 다른 길을 보여 준다.

그래서 나는 이 시집을 조심스럽게, 그러나 확신을 담아 추천하고 싶다. 한 번의 만남으로도 오래 기억될 시집. 읽는 이의 마음에도 분명 '인연'이라는 이름으로 남을 것이다.

국어 교사 강정복

김남진 선생님의 시에는 삶의 진솔한 이야기가 담겨 있습니다. '가장'이라는 이름 아래 숨겨진 고단함, 학생들을 바라보는 교사의 따뜻한 시선, 가족과 함께한 소소한 순간들, 그리고 자기 삶을 되돌아보는 조용한 성찰이 한 편 한 편의 시에 잔잔하게 흐릅니다.

　　이 시편들은 거창하거나 화려하지 않습니다. 그러나 그 무엇보다도 깊고 진합니다. '땀이 귀 뒤로 흘러내린다'는 구절에는 교사의 묵묵한 헌신이 있고, '찌개엔 사랑이, 반찬엔 정성이'라는 표현에는 주말 부부의 절절한 애틋함이 담겨 있습니다. 때로는 아버지로서, 때로는 남편으로서, 때로는 교사로서 살아 낸 시간들이 고요한 언어 속에 배어 있어 독자에게 깊은 공감과 위로를 건넵니다.

　　김남진 선생님의 시는 '우리'의 이야기입니다. 등굣길 아이들의 모습, 가을 산의 정취, 바다 앞의 고요한 사색, 봄바람에 실려 오는 희망… 그 모든 장면은 우리가 지나온 시간이며, 지금도 살아 내고 있는 오늘입니다. 그의 시를 읽다 보면 '그때 왜 그렇게 아웅다웅했을까'하는 구절처럼, 삶을 조금은 느슨하게, 따뜻하게 바라보게 됩니다.

　　이 시집은 그 어떤 철학서보다 묵직하게, 또 그 어떤 자서전보다도 친근하게 다가옵니다. 삶의 결을 꿰뚫는 김남진 시인의 담담한 목소리에 귀 기울이다 보면, 문득 나의 삶도 시가 될 수 있겠다는 희망이 피어납니다.

　　이 소박하고도 아름다운 시집을 모든 이에게 따뜻한 마음으로 권합니다.

국어 교사 정서현

고단한 날들의 은혜

ⓒ 김남진, 2025

초판 1쇄 발행 2025년 9월 26일

지은이	김남진
펴낸이	이기봉
편집	좋은땅 편집팀
펴낸곳	도서출판 좋은땅
주소	서울특별시 마포구 양화로12길 26 지월드빌딩 (서교동 395-7)
전화	02)374-8616~7
팩스	02)374-8614
이메일	gworldbook@naver.com
홈페이지	www.g-world.co.kr

ISBN 979-11-388-4740-7 (03810)

- 가격은 뒤표지에 있습니다.
- 이 책은 저작권법에 의하여 보호를 받는 저작물이므로 무단 전재와 복제를 금합니다.
- 파본은 구입하신 서점에서 교환해 드립니다.